KLAUS ZEH
LIEBES GEDICHTE

AF237701

Nichts bewegt die Dichter und die Welt mehr als die Liebe ...

Dreiunddreißig ausgewählte Gedichte über das *Du* im Spiegel der eigenen Seele.

Klaus Zeh, Jahrgang 1965, ist Schriftsteller, Musiker und Liedermacher. Er lebt in Reutlingen. Seit 2015 setzt er sich künstlerisch und privat gegen Menschenhandel, Zwangsprostitution und sexuelle Gewalt an Kindern ein. Er ist Gründer der Initiative Kunst.GEGEN.Kinderhandel und Fördermitglied bei diversen Menschenrechtsorganisationen.

Schon zu Beginn seiner schriftstellerischen Tätigkeit hat sich der Autor gegen die Veröffentlichung im herkömmlichen Verlagswesen entschieden. Ihm ist es ein großes Anliegen, seine künstlerische Unabhängigkeit sowie die Rechte an seinen Werken zu behalten.

Auf Instagram und Facebook finden Sie Klaus Zeh unter:
klauszeh.autor

Alle Werke des Autors sind auf der letzten Buchseite verzeichnet.

Klaus Zeh

Liebes
Gedichte

Bibliographische Information der Deutschen Nationalbibliothek:
Die Deutsche Nationalbibliothek verzeichnet diese Publikation in der Deutschen Natio-
nalbibliographie; detaillierte bibliographische Daten sind im Internet über
http://dnb.d-nb.de abrufbar.

Herstellung und Verlag: BoD – Books on Demand, Norderstedt
Layout und Umschlaggestaltung: Adeline
Alle Rechte vorbehalten
ISBN: 9783755783619

Allen
Liebenden

So von dir gehalten
als könnte uns nichts berühren
außer wir

... vom Du

Mit Dir

Aus Träumen flocht
ich mir ein Herz,
ein Haus, mit dir
darin zu leben.

Mit Wänden, heller
als der Schmerz,
wo wir,
einer dem andern,
alles geben.

Hunger

Von deinen Worten
lebe ich, vielleicht
mehr noch als
von allem andern.

Durch sie will ich
wandern, schwimmen
wie in Meeren, heimisch
sein an fremden Orten.

In ihnen will ich sein
und bleiben,
atmen jede Silbe,
will in ihrem Klang
erklingen, in ihrem Sinn
die Suche singen.

Dann les ich dich
aus allen Dingen und
will darüber schreiben.

Gabe

Eine Insel bist du,
groß zum Leben.
Boden bist du, Erde,
Regen.

In dir
wachse ich, klandestiner
Segen. Meiner Seele,
meinem Leib,
bist du
ein Geben.

Du

Du bist kein Traum. Du bist
die ganze Weite, die breiteste
Breite, ja die weiteste
Weite. Und du bist in mir
der allerkleinste Raum.

Unverhofft

Du wirbelst alten Staub von
unverschlossnen Schränken.

Manche Lade quietscht und klemmt
in den Gelenken. Wühlst wie wild
in längst vergessner Wäsche und
abgetragenen Klamotten.

Du bewahrst
Vieles vorm Verrotten.

In allen meinen Dingen

Von den Rändern her
vergehe ich. Sehe dich
im werdenden, im tönenden
Licht dann aufwärts steigen
in endlos leichten Ringen.

Und am allerletzten Himmel
bleiben – als Name und
in allen meinen Dingen.

Inneres Bild

Meinem inneren Bild
bist du nie verborgen.
Ich trage dich wie eine Glut
umher, unter Erde,
seelentief geborgen.

Schattenlächeln

Im Schatten deines Lächelns
leben,
deine Welt erfahren,
nach dem Lichte streben,
welches mein Dunkel berührt,
meinen Himmel
umspannt.

Im Land der Nacht

Wie eine Welle
schmiegst du dich
in meiner Arme Ufer.

Die leeren Seiten
sind nun voller
Worte.

Und im Land der Nacht
leben viele helle
Orte.

Du weißt

Dein wildes Herz
klopft zart
an meine Tür.

Du kennst den Schmerz,
an den ich Seele
immer rühr.

Du weißt von Dingen,
von stockdunkler Nacht,
und lässt Klänge klingen,
als ob alles in dir weint
und lacht.

Licht

Du bist wie Licht –
dein Wesen.
Von dir will ich singen,
hören, lesen.

Deine Worte zaubern
mir Orte, die vorher
nie gewesen.

Sind wie Wege,
hinaus aus dem
Vergessen. Blühend
wie ganze Ländereien.

Von dir bin ich,
bis hin zur Heilung,
ganz und gar besessen.

Heimat

Auf deinen Flügeln
nisten meine Träume,
dass du sie trägst
auf unsren unbekannten
Wegen.

Ihnen Heimat gibst,
mich wohnen lässt und
schauen in alle deine
weiten Räume.

... von der Liebe

Zeitlos

Solche Tage vergehen
wie Schatten an alten
verfallenen Wänden.

Und doch
geschehen sie wie Wunder,
aus einem stillen, endlichen
Vollbringen.

An Stränden sind wir
wie Treibgut aus ewig
gebenden Händen.

Für die wir teuer sind,
doch wir
wollen uns stattdessen
nur verschwenden.

Wir verlieren uns dann
an das Hoffen der Zeit,
das uns aus *uns*
und unseren Tagen
befreit.

Blauregen

Im blauen Regen
von Blüten betupft,

samtner Tod, ein
Blaukuss über deiner
Braue, kaum dass du
die Sanftheit spürst.

Auf der Suche nach
verborgenen Sinnen.

Haiku
für Jiří Weil

Zur Liebe erkannt
Den letzten Traum gehütet
Meerschaumgeboren

Lebenslust

Auf Flößen treiben wir
flussaufwärts. Zur Schönheit
neigen wir und Schmerz.

Wir, die wir die Zeit
von Sonnenuhren stehlen und
uns durch tausendundeine
Wahrheit quälen.

Im Moment

Über uns streicht
der Wind,
wie über Flügel
von Möwen.

Wir fänden
uns
noch selbst verloren
und blind in der Suche
des Andern.

Manchmal

Liebe, von der wir
träumen,
lichtlos wie ein Lied
aus Nacht.

Leise, in weiten klaren
Räumen,
und schmetterlingsleicht,
ganz sacht.

Hunger

Gib mir ein Wort, ich sterbe
sonst im Hunger.

Flüstere es, meinetwegen,
doch ich nehm es auch
gehaucht, gesungen,
oder gar geschwiegen.

Nur von dir
soll es sein, denn kein
Sterbenswort sonst
schafft mir Leben.

Wir

Wir sind
wie geblähte Segel
an einem Tag im Sommer
ohne Wind.

Wir sind
wie flackerndes Gelicht
in der blinden Spur
eines ungezähmten Tieres.

Auf unseren Wegen
in Wassern wandern wie
Meerblüten wir.

Wie wilder Wein

Wir wachsen zueinander
wie wilder Wein
an verwitterten Wänden.

Wir schenken uns
Alles.
Aus Liebe und gebenden
Händen.

Traumfänger

Traumfänger sind wir –
mondweiß lächelnd,

träumend von uns,
und schäumend
vom *Wir*.

Hoffnung wagend
auf unser Jetzt,
auf Erfüllung im
Hier.

Tautrank

Wir trinken Tau
und tausend unsrer
Lieder –

Bis wir im Kuss,
im immer wieder,
einer dem andern
gleichen.

Dein

Mein Zärtlichstes küss ich
still auf deine Lippen.
Was ich dir sagen will
und schenken mit sanften
Liebesblicken.

Wenn ich leis in meiner
Liebe bin, wenn nur sie
und du
in meinem tiefsten Sinn
vereint, und nichts aus Welt
und fremden Wegen
die Spur ins Wir
verstellt,

dann bin ich dein und alles
Wissen meines Herzens
fängt dich auf, und du bist
mein.

... und anderen fremden Orten

Wer?

Mit Blicken haften wir
am Jetzt, streifen alle
Häute von uns ab.

Wir
sind das Boot,
das Gott ganz still
vertäute, schauen
mit vollen Augen nun
hinein
ins leere Grab.

Nah

Häuserzeilen, aschegrau. Kirchen
im Dornröschenschlaf. Dort sind
Rhododendrengärten, Fuchsien-
hecken, zarter Schnitt.

Du bist
nah und unsichtbar, bist
jeder noch so kleine
Schritt.

Inselliebe

Für meine Insel bist du
die *eine* Farbe. Du bist
das Lindern, die Salbe
und der Trost für die längst
entstandne Narbe.

Epitaph

An äschernen Olivenzweigen
blüht kein Frieden ...

Aus einem alten Epitaph
strömen längst vergangne
Klagen. Mit einem Mal
frischt der Wind von Westen
herbstlich auf, und vor meiner
Lebenstür sammelt Sonne sich
zuhauf.

Ankunft

Abends. Wetter-
leuchten im Westen.
Mildes Suchen nach
einer Bleibe, für eine
Nacht, vielleicht auch zwei.

Einmal nirgendwohin
müssen, ruhen, bleiben
an einem Ort, ohne
fort zu wollen.

Ein Schweigen an meinem
Ohr, in meinem Herzen
Sein Wort.

Vielleicht

Diese Stunden sind
leer. Nur noch Gefäße
aus dunkel rissigem Ton.

Sind traumgleich und schwer,
beladen mit wirren
Gedanken.

Und Worten, die mit Wurzeln
und Erde sich ein Leben lang
in uns verorten.

Doch nur vielleicht ...

Nur die Liebe

Nordischer Atlantikweg.
Faltenwurf des dunklen kalten
Meeres.
Regennasse Wasser-
wüste.

Nur
die Liebe
ist ein Steg.

Hoffnung

Am Ende bleiben nur gestreifte
Lichter. Kleine stille
Kammern, in die wir
eilig flüchten.

Oder
sind es weite helle
Räume, singend, sprechend,
klingend,
durch alle unsere
Träume?

Sehnsucht

Kornblumenblau ist meine
Sehnsucht, taubengrau
mein Warten auf den Schatten-
riss des Tages.

Wohin ich werde, ich
weiß es nicht. Wie viel
Glas zerbricht, wie viel anderes,
wo ich Wurzeln schlage
oder nie, wie viel Schmerz
ich trage, oder flieh,

ob ich es mit Händen hüte,
mein Herz,
oder wie ein Sturmwind
wüte –
vermag doch
dein dunkelstes Lächeln
mich zu bergen, und
ich liebe doch.

Solange wir Worte finden,
haben wir einen Weg.

Weitere Titel von Klaus Zeh

Prosa

Taxi *(Roman)*
Mozart oder der Fall des Harlekins *(Roman)*
Lisboa *(Roman)*
Trinity – Irische Begegnungen *(Kurzgeschichten)*
Hey Tonight *(Erzählung)*
Broker *(Roman)*
Strandhill *(Insel Novelle)*
Solange Worte atmen – Notizen aus dem Alltag
Blutschande *(Erzählung)*
Sophia *(Erzählung)*
Wer von beiden *(Dunkelfeld-Episoden)*

Lyrik

Die Leichtigkeit des Windes *(Ostsee-Gedichte)*
An Ufern aus Jade *(Bodensee-Gedichte)*
Pontoon – oder wann immer ich hier sein werde *(Irland-Gedichte)*
Lichtinseln *(Gedichte)*